Questões fundamentais da Educação

Coleção QUESTÕES FUNDAMENTAIS

DIREÇÃO
Paulo Bazaglia

COORDENAÇÃO

QUESTÕES FUNDAMENTAIS DA COMUNICAÇÃO
Valdir José de Castro

QUESTÕES FUNDAMENTAIS DO COTIDIANO
Maria Paula Rodrigues

QUESTÕES FUNDAMENTAIS DA EDUCAÇÃO
Ecleide Cunico Furlanetto

QUESTÕES FUNDAMENTAIS DA FÉ
Darci Luiz Marin

QUESTÕES FUNDAMENTAIS DO SER HUMANO
Maria Angela Vilhena

QUESTÕES FUNDAMENTAIS DA SAÚDE
Léo Pessini

Dados Internacionais de Catalogação na Publicação (CIP)
(Câmara Brasileira do Livro, SP, Brasil)

Pereira, Potiguara Acácio
O que é pesquisa em educação? / Potiguara Acácio Pereira.
— São Paulo : Paulus, 2005. —
(Questões fundamentais da educação; 5 / coordenação
Ecleide Cunico Furlanetto)

ISBN 978-85-349-2268-5

1. Ideologia 2. Pesquisa educacional I. Furlanetto,
Ecleide Cunico II. Título. III. Série.

04-8697   CDD-370.72

Índices para catálogo sistemático:
1. Educação: Pesquisas 370.72
2. Pesquisa: Educação 370.72

IMAGEM DA CAPA
SXC

EDITORAÇÃO
PAULUS

IMPRESSÃO E ACABAMENTO
PAULUS

2ª edição, 2008

© PAULUS – 2005
Rua Francisco Cruz, 229
04117-091 São Paulo (Brasil)
Tel. (11) 5087-3700
Fax (11) 5579-3627
editorial@paulus.com.br
www.paulus.com.br

ISBN 978-85-349-2268-5

Potiguara Acácio Pereira

O que é pesquisa em educação?

À
Vera

INTRODUÇÃO

Este livro não tem apenas uma motivação. Talvez, a principal delas não esteja devidamente explicitada – o aprofundamento nas questões da Pedagogia e, conseqüentemente, nas da Educação.

Comecei a delineá-lo quando de minha participação no Programa de Capacitação de Professores, ao final dos anos 90, desenvolvido pela Secretaria de Educação do Estado de São Paulo e por algumas Instituições de Ensino Superior, dentre as quais a Universidade Federal de São Carlos, onde atuava como docente, no Departamento de Educação. Depois, como docente do Programa de Mestrado em Educação, na Universidade Cidade de São Paulo (UNICID), que tem como uma de suas linhas de pesquisa a formação de professores.

Estava claro, naquela ocasião, que a escola se mostrava defasada culturalmente, isto é, não acompanhava, como era de se esperar, o velocíssimo desenvolvimento da tecnociência, as manifestações contemporâneas da arte, da religião e, até mesmo, do senso somum. Sim, senso comum – lembro-me de BRONOWSKI (s/d,p. 19): "infelizmente o senso comum não tem história documentada. Supomos muitas vezes que nem sequer tem evolução e que aquilo que hoje chamamos senso comum foi sempre o senso de toda gente, o que de fato não é verdade."

Não restava dúvida de que de todas essas realizações humanas, a tecnociência era a que exercia – e ainda exerce – sobre o homem, enorme influência.

Do ponto de vista das sociedades, tinha, e tem, grande alcance cultural. Por isto, integrava, e integra, preponderantemente o *ethos* da época em que vivemos.

Aliada à idéia de desenvolvimento e modernização, a tecnociência é reconhecida e valorizada por todos, muito embora alguns intelectuais insistam em imputar-lhe responsabilidade única pela negligência para com as soluções dos desequilíbrios econômicos, do desemprego, da fome, da sede, da miséria...

Por sua face visível – a da industrialização – a tecnociência nos coloca diante de um mundo de aparelhos e de práticas, as mais diversificadas, que determinam de modo imediato nossas ações, nossas representações e nossos sistemas de valores. Considerada como sistema de ação, modifica, em nossos dias, a base de todas as culturas. E não somente com relação a conceitos fundamentais, mas também quando causa transformações não só tecnocientíficas, mas também políticas, uma vez que essas transformações interferem no destino dos homens (LADRIÈRE, 1979, p. 11-2).

Mas não é somente por este viés que a tecnociência tem de ser encarada. Como muito bem assinala WITKOWSKI (1994, p. 8), "assiste-se hoje aos avanços de uma *pesquisa* (o grifo é meu) hiperespecializada, cujo menor domínio é tão vasto que nenhum especialista é capaz de ter dele uma visão de conjunto e de recensear os múltiplos problemas éticos, jurídicos ou sociais que se colocam no interior da comunidade científica ou para o grande público".

Na verdade, o que se deve observar é que esse universo tecnocientífico, limitado em cada tempo, mas sempre aberto, será inexoravelmente incorporado pelos diversos segmentos das sociedades, o que propicia uma nova lógica na compreensão do que é o mundo, o homem e qual o papel que esse homem desempenha nele.

É bem verdade que o país carece de uma política educacional consistente e que o professor, muitas vezes abnegado e imbuído de espírito de luta, sente-se injustiçado e abandonado à sua própria sorte.

É ele, porém, que forma, nos dias de hoje, os profissionais que atuarão nos próximos 40 ou 50 anos. Por isso mesmo, precisa estar preparado para as rápidas mudanças que inexoravelmente ocorrerão nesse interregno.

Contudo, formado inadequadamente, desatualizado, decepcionado, e desanimado, muito pouco tem podido e pode fazer. Por isto, outro não poderia ser o resultado: o alto índice de analfabetismo no país, os altos índices de evasão, nos diferentes níveis de ensino, os currículos defasados etc.

Mas esta é, sem dúvida, uma crise inserida numa problemática mais ampla: a política, econômica e social, pela qual passamos nós brasileiros. Portanto, torna-se cada vez mais difícil pensar em "modelos" de desenvolvimento e de modernização, já que, temos certeza, o nosso "modelo" deverá ser elaborado dentro de e para as nossas próprias condições.

Vista a questão do desafio que a tecnociência impõe à Educação, quero destacar, de maneira específica, que não se pode pensar em tecnociência e, conseqüentemente, em desenvolvimento e modernização, sem contar com massa crítica e centros de excelência em pesquisa que garantam recursos materiais e humanos para que se verifiquem, verdadeiramente, os laços necessários existentes entre pesquisa, setor produtivo e governo. Esta é a tríade básica capaz de garantir a retomada do crescimento e a consolidação de nossa modernização.

Nesse sentido, a escola tem papel decisivo que urge ser definido, pois somente pela Educação se resguardará e se dará prioridade à qualidade de vida, à luta pela cidadania, à superação das desigualdades sociais, à dignidade e à felicidade de nosso povo.

Enfim, há de se pensar na reestruturação, inclusive, do caráter da pesquisa em Educação. Pesquisa que obrigatoriamente deverá ser concebida tendo em vista os processos sociais e o próprio desenvolvimento tecnocientífico.

Nesse caso, os estudos sobre os impactos que a revolução tecnocientífica produz na Educação não podem simplesmente dizer respeito à introdução de "novidades" nas escolas, mas devem, com absoluta certeza, analisar suas conseqüências nos processos de democratização do saber e na contribuição que essa democratização poderá trazer para a extinção da dívida social, assim como terão de analisar igualmente todas as contradições que o uso indevido do conhecimento tecnocientífico acarreta ao processo ensino-aprendizagem.

Sabedores de que a tecnociência influencia sobremaneira as culturas, consideradas como conjuntos formados "pelos sistemas de representação, normativos, de expressão e de ação de uma coletividade" (LADRIÈRE, 1979, p.12), forçosa a preocupação com a formação de professores, para que estes não acabem por se tornar meros usuários, meros operadores, das *novidades* tecnocientíficas, sob pena de contribuírem ainda mais para com a defasagem cultural.

Nesse sentido, a formação do professor, nos dias atuais, não deve estar voltada unicamente para a tecnociência, mas especialmente para a Filosofia, a arte, a religião, o senso comum, em todas as suas manifestações.

A motivação explícita do livro virá à tona quando da exposição de um conteúdo muito rico de sentido, que tem como significado o ato de aprender – aprender a pesquisar, pois urge dar-se um tratamento científico à Educação.

Propositadamente, o livro vem dividido em breves capítulos. Não só para facilitar a leitura de cada um deles, mas principalmente para que o leitor sinta-se provocado a aprofundar os seus diversos temas e aprenda realmente a pesquisar.

Capítulo I
A educação

Numa época em que as culturas, responsáveis pela estruturação e organização das sociedades modernas, são instadas a responsabilizar-se pelo futuro de cada um de seus cidadãos, principalmente por conta dos impactos causados pelo desenvolvimento tecnocientífico – do ponto de vista epistemológico, ciência e tecnologia têm vínculos estreitos – e por conta da emergência de uma economia globalizada, que obriga a muitos desses cidadãos a viver em condições deploráveis, é imprescindível que a escola forme seus professores preocupada com a situação atual da humanidade e atenta para que as relações humanas não se deteriorem e, por isso, não tenham como sustentáculo o arbítrio, a violência ou a força.

A ideologia individualista, base desta estrutura social na qual vivemos, tem eliminado as estruturas imaginárias e simbólicas predominantes. O homem é, hoje, materialista, individualista e busca sua realização na competição e na concorrência.

O equilíbrio social, produto dos afrontamentos de interesses individuais, apresenta cada vez mais uma natureza exploratória de enormes conseqüências.

MENDONÇA (2001, p. 114) retrata, brilhantemente, o quadro quando afirma que o Renascimento aparecia

...como um espírito de rebelião contra o sobrenatural ao mesmo tempo que se firmava a confiança nas forças exclusivas da natureza humana. O homem pensa, então, em construir a sua salvação num plano estritamente natural, e não sobrenatural. O primeiro passo neste sentido é o culto racionalista, a exaltação da razão, a idéia de que a razão humana tem poderes ilimitados. Ao culto racionalista acrescia-se a perspectiva de multiplicar pela máquina as forças do trabalho humano, ao mesmo tempo que se partia para a melhor utilização das forças da natureza. Criou-se, assim, o mito da produção, a corrida da produção. E o homem passou a dirigir sua vida em torno deste eixo. Os valores seriam julgados em termos de produção. O homem vale pelo que produz. Uma nação vale pelo seu poderio econômico e industrial.

Mas essa crise não é somente de ordem econômica. É uma crise mais profunda, que afeta outras categorias, outros planos essenciais da vida.

Marcadas pela tecnociência, nossas culturas idealizaram a educação centralizada na

especialização do homem para melhor produzir, e para produzir mais. Delineou-se, assim, o plano da educação pragmatista, que visa o adestramento profissional e acentua critérios que, na verdade, sufocam a manifestação completa da natureza humana. Com isto, os homens deixaram de ser interessados para ser interesseiros (MENDONÇA, 2001, p. 114).

Felizmente, uma outra maneira de pensar vem tomando corpo; há uma outra maneira de ver a vida, principalmente, porque os paradigmas científicos são outros.

De uma forma geral, eliminam-se os preconceitos positivistas e objetivistas para, em consonância, afirmarem-se os projetos, as representações, as imagens e as interpretações; questionam-se os consensos para se deixar caminho aberto aos dissentimentos; critica-se o unanimismo para se incentivar o pluralismo e a diversidade; omite-se a neutralidade para se exaltarem os valores; descobre-se o papel da conflitualidade, da inovação e da mudança; afronta-se o dogmatismo e o autoritarismo para se promover o

> estatuto pedagógico do debate, da participação e do erro. Traçam-se os esboços da interdisciplinaridade, da transversalidade e da comunicação. Afronta-se a rigidez dos espaços e dos tempos, reavaliam-se as fronteiras dos saberes e das ações. Elegem-se problemáticas, inauguram-se outras lógicas cientes em todos os momentos da sua revisibilidade (CARVALHO, 1995, p. 7).

Embora se consolide entre nós uma nova concepção sobre a racionalidade científica, não podemos perder de vista que a concepção estabelecida, quando do advento da "ciência moderna", portanto, nos séculos XVI e XVII, exerce, ainda hoje, forte influência em nossas representações.

Trata-se de uma concepção que, ao adotar e ter como preocupação princípios, como o da objetividade, neutralidade, quantificação, fragmentação, previsibilidade, dentre outros, colocou, de um lado, a Filosofia, a arte, a religião e, de outro, a ciência, além de estabelecer visão dualizada e maniqueísta, justamente por eleger tais princípios como forma ideal de pensar, em contraposição a todos os princípios que, numa relação dicotômica, fizessem-lhes par.

Tal modelo, gerado no âmbito das ciências fisicalistas, e estendido ao das humanas, como condição *sine qua non* para aquisição, por estas, de um estatuto epistemológico, levou o homem não se construir e não se pretender sujeito, contribuindo para que, inversamente, não apenas se admitisse objeto, como também considerasse adequado assim proceder. E por não mais buscar o sentido da vida, alienou-se. Vive sufocado. É egoísta. Vive insatisfeito consigo mesmo. Não é o senhor de suas próprias ações.

Por isso, "o homem precisa restabelecer o culto de si mesmo. (...) Trata-se do cultivo do próprio homem. (...) Ele deve ter consciência de que se educa a cada instante da vida" (MENDONÇA, 2001, p. 118).

Diante de nova concepção de racionalidade científica, que adota e considera outros princípios que a regulam, ocupa lugar de destaque, nas discussões científicas, uma questão das mais importantes: a da Educação.

Há toda uma situação instalada que precisa ser modificada: por ter sido transformado em objeto pelos estereótipos de uma educação bancária e desatualizada, por ter sido classificado como se fosse objeto, por ter sido visto, apenas, por seus componentes biológicos, por perceber as imagens distorcidas que dele foram feitas, o homem se sente traído.

E se ontem essa questão era de domínio, quase que exclusivo da Filosofia, vê-se hoje, até com certa estranheza – não estávamos acostumados a isso - as diferentes ciências envolvendo-se e ocupando-se dela.

Observa-se, então, que o procedimento metodológico cartesiano (DESCARTES, 1979, p. 38.), tido como o procedimento da ciência, apresenta visíveis sinais de esgotamento. E isto tem implicações das mais diversificadas. Talvez, a principal delas diga respeito à maneira como a ciência vê os seus próprios objetos de estudo.

Por outro lado, há a questão do desenvolvimento do conhecimento científico. Trata-se de uma discussão que inevitavelmente deverá contar com a colaboração das disciplinas que, juntas, articularão o que de específico há em cada uma delas.

Já é possível verificar que muitos discursos, de diferentes ciências, principalmente daquelas que dizem respeito ao humano, fazem fronteiras entre si.

Não é, pois, por outro motivo que, na Educação, tenho discutido profundamente essas questões, no âmbito específico da formação dos professores, uma vez que, por se tratar de uma representação diferente da que até então vinha sendo considerada, é ainda de difícil compreensão a concepção de que todos somos homens-sujeitos.

Cumpre considerar que houve períodos e obras em que se falava, e ainda se fala, em "homem" ou em "natureza humana". Outros períodos e outras obras preferiram dar destaque a "indivíduo", "pessoa" ou, até mesmo, "pessoa humana".

É conveniente também observar que a Filosofia considerou o sujeito, mas numa única perspectiva, isto é, enquanto aquele que conhece – o sujeito cognoscente. Concepção esta adotada principalmente por pensadores que viveram durante o período de Descartes a Hegel.

Depois, *perdeu* a noção de sujeito. Sua morte foi decretada peremptoriamente, por alguns. Interessante é que não se o substituiu, o que tem sido motivo de preocupação.

Na maior parte das vezes, preferiu-se substituí-la, principalmente, pela noção de homem, bem ao feitio da ciência moderna. E, hoje, com o próprio desenvolvimento da ciência, tem cabido, mais especificamente, à Psicanálise estudá-lo. Mas, é claro, em sua própria perspectiva.

É evidente que somente o aprofundamento numa história do sujeito fará com que entendamos esses desdobramentos. As particularidades são muitas.

Claro está que "o discurso da morte do sujeito reproduz a expressão nietzscheana da morte de Deus" (BURGER; BURGER, 2001, p. 12), embora muitos autores considerem-no diferentemente, como é o caso de Foucault, por exemplo.

Contudo, há autores que o defendem e falam até em *retorno do sujeito*. Convém observar VILAR (1996, p. 65):

entre outras possíveis e legítimas interpretações, o pensamento filosófico, pelo menos o dos últimos quatrocentos anos, pode ser lido de modo ambivalente como pensamento do sujeito ou contra o sujeito, pensamento da grandeza do sujeito ou de sua miséria, sujeito de sua exaltação ou de sua irrealidade, de seu poder ou de seus limites. Porém, em qualquer caso, como pensamento acerca do sujeito ou em torno dele. Sem a noção de sujeito, pode-se muito bem dizer, não há o que denominamos pensamento moderno

Visão da qual compartilho. Mas não nego que o mundo das idéias carece de uma "teoria do sujeito"; porém, de um sujeito concebido de modo a refletir o momento atual. No mínimo, não fragmentado e não dicotomizado.

Para mim, o sujeito se constrói. E se constrói a partir do desenvolvimento de suas dimensões – as dimensões do sujeito.

Tais dimensões são construídas num limiar: de um lado, a interioridade; de outro, a exterioridade.

A interioridade, denominada aqui de psiquismo em seu sentido lato, abrange o que diz respeito aos aspectos cognitivos, motores, emotivos e volitivos. Representam o que chamo de dinamismos psicológicos, isto é, o conhecer, o fazer, o sentir e o querer.

Já a exterioridade diz respeito aos aspectos corporais, familiares, sociais e espirituais.

Daí as dimensões psicocorporal, psicofamiliar, psicossocial e psicoespiritual.

Importante observar que os aspectos cognitivos, motores, emotivos e volitivos interpenetram-se. Do mesmo modo, agem os aspectos corporais, familiares, sociais e espirituais.

Neste ponto, quero referir-me à necessidade de que toda pedagogia deva ser sempre uma Pedagogia voltada para o Sujeito. Uma Pedagogia do Sujeito, como venho defendendo há alguns anos. Com a intenção precisa de afirmar que à escola cabe, antes de tudo, formar sujeitos autônomos, livres e responsáveis.

Nesse sentido, referir-se a uma Pedagogia do Sujeito é fazer referência a situações criadas em todas as atividades pedagógicas, com a intenção de fazer com que professores e alunos sejam levados sempre a construírem-se e a reconhecerem-se sujeitos.

Sujeitos concebidos e construídos numa perspectiva de totalidade.

Posto isso, reafirmo a necessidade de os professores encontrarem o caminho da busca do conhecimento, seja ele filosófico, científico, artístico ou religioso, bem como o de assumir o papel que lhes cabe de formar sujeitos.

Portanto, a escola tem papel decisivo, que urge ser definido, pois pela Educação se resguardará e se dará prioridade à qualidade de vida, à luta pela cidadania, à superação das desigualdades sociais, pela dignidade e pela felicidade dos povos.

Capítulo II
A pesquisa

Há muitos anos trabalho com Metodologia da Pesquisa. Como docente e como pesquisador. Durante esse tempo, deparei com muitos obstáculos. Foram muitos os receios; muitas vezes, os medos perturbavam. Vencê-los não foi fácil.

Percebi, porém, algo muito importante. É preciso deixar de lado as preocupações ligadas a resultados, isto é, preocupações com o término do trabalho, por que há uma data estabelecida para isso, ou preocupações com a obtenção de certificados e diplomas. Para o pesquisador que leva a sério o seu trabalho, é triste a imposição de limites temporais por qualquer que seja a norma estabelecida, qualquer que seja a instituição e, principalmente, se for alguma agência financiadora da pesquisa. Isso deixa o pesquisador ansioso e a tendência é pensar no resultado do trabalho e não no processo que leva à sua consecução. A aquisição do conhecimento tecnocientífico é trabalhosa. Exige persistência, tempo e dedicação.

Claro que a delimitação do tempo existe, mas, em primeiro lugar, há de se entender que toda pesquisa está associada à formação de sujeitos e é isso que faz dela uma *pesquisa de qualidade.*

Por outro lado, não se pode esquecer de que as ciências humanas são, ainda, muito criticadas – ainda há aqueles que nem as consideram ciências – e que o nível de insatisfação dos estudantes quanto ao andamento dos trabalhos de pesquisa está muito vivo entre nós. Feliz ou infelizmente, somos obrigados a admitir que as epistemologias, as teorias e os procedimentos metodológicos das ciências humanas não nos têm dado muita segurança, porque também não estão seguros de si mesmos.

Além disso, há as inevitáveis desavenças com os professores-orientadores.

Por isso, é minha a intenção de responder muitas questões, para permitir uma melhor compreensão dos mecanismos da pesquisa. Pretendo auxiliar o leitor a entender as concepções e as perspectivas dos especialistas na matéria e ser ponto de referência para melhor situar, interpretar e compreender a relação de quem pesquisa com a própria pesquisa.

Antes de tudo, uma ressalva:

> **Nossas pesquisas não são voltadas para objetos, mas para *sujeitos*.**

É difícil a tarefa de procurar responder sobre o sujeito (o que é?) e sobre a Educação (o que é?). Mas isto hoje, mais do que nunca, é necessário e urgente.

Dotados de consciência, os sujeitos têm o poder de agir sobre suas próprias vidas. Eles conhecem, agem, sentem e querem. Isto dá, perfeitamente, a idéia do que significa pesquisar sujeitos.

Toda atividade pedagógica é voltada para sujeitos. E isso leva a crer que toda atividade pedagógica se dá em vista a uma concepção de homem. E o que é o homem? Questão complexa e que exige reflexão profunda. Suas respostas dirigirão toda e qualquer prática educativa.

Do mesmo modo, pensar a Educação é pensar o humano, isto é, teorizar sobre ele em seu cerne.

É importante, então, fazer a distinção entre "pensar em Educação" e "pensar sobre Educação". No primeiro caso, buscar-se-ia a melhoria da prática educativa. No segundo, a melhor explicitação do *fenômeno educativo*.

O conhecimento humano implica sempre uma certa reflexividade com relação ao que se conhece. E a Metodologia da Pesquisa tem de possibilitar, àqueles que dela se valem, entender o porquê de as ciências serem qualificadas de *rigorosas*.

Elas o são porque seus conhecimentos decorrem de pensamentos rigorosos, isto é, aqueles que se referem a um *objeto*, possuem um *método* e são *lógicos*, isto é, coerentes, não contraditórios. E assim tem de ser, porque a ciência nasceu sob a égide da *razão* e da *verdade*. Não é, pois, por outro motivo que o rigor da ciência, hoje, encontra-se nos seus próprios *discursos*.

Além do conhecimento científico, o conhecimento filosófico é também constituído de forma rigorosa. Por isso, a Filosofia e a ciência são consideradas interpretações rigorosas da *realidade*.

Além delas, a arte, a religião e o senso comum também constituem formas de interpretação da realidade, mas assim o fazem, e não poderia ser diferente, a partir de suas próprias características. A arte ligada à imaginação, à criatividade; a religião, à crença; e o senso comum, às impressões ordinárias que temos da realidade.

A questão do rigor da ciência tem conseqüências importantes para a Metodologia da Pesquisa, uma vez que por ela os pesquisadores terão de aprender muito bem a diferença entre a construção de uma interpretação científica em vista a uma determinada situação, e a construção de uma interpretação a partir de uma situação qualquer.

Assim, se um grupo de alunos constrói uma interpretação sobre a queda de um objeto lançado do topo de um edifício, esta poderá ser até muito interessante, mas é praticamente certo que não será a mesma interpretação que os físicos fariam. E isso porque os físicos se baseariam nas *teorias* existentes sobre a queda dos corpos.

Nesse sentido, o *conhecimento verdadeiro* diz respeito a um conhecimento que é pertinente ao *nosso mundo*. E é relativo aos contextos e aos projetos **científicos**.

Mas cuidado: uma busca equivocada de um "para que serve isto ou aquilo" coloca o pesquisador de encontro à enorme quantidade de informações hoje disponíveis e pode levá-lo a trilhar um caminho bastante desagradável.

Capítulo III
A ciência

O homem, ao fazer ciência, nada mais faz do que interpretar as suas próprias ações e a natureza. Trata-se de um desejo. Desejo de superação daquilo que lhe causa *admiração*.

É essa interpretação que se transforma num discurso verdadeiro. Portanto, o discurso da ciência é um discurso com sentido. Por isso, nenhum receio em afirmar que o rigor da ciência encontra-se hoje exatamente no seu discurso.

FOUREZ (1995, p. 103), ao estudar o método científico, afirma que a ciência possui um lado material e um lado intelectual. Em relação ao primeiro, temos as bibliotecas, os laboratórios, as revistas especializadas etc.; e, em relação ao segundo, toda uma organização mental ou, como ele mesmo diz, "uma matriz disciplinar ou paradigma, ou seja, uma estrutura mental, consciente ou não, que serve para classificar o mundo e poder abordá-lo".

Eu diria, ao pensar nas palavras do autor, que a noção de paradigma pode levar à idéia de que há um único *modelo* de ciência. Além disso, ao dizer que à ciência cabe classificar para abordar o mundo, o autor adota um determinado posicionamento teórico e, por isso, deixa de lado o que realmente cabe à ciência fazer, isto é, interpretar o mundo.

De fato, a ciência tem se proposto a conhecer a realidade de modo cada vez mais preciso e sistemático. Isso quer dizer que ela acaba por organizar os dados recolhidos da realidade em conjuntos logicamente coerentes e procura determinar as ligações existentes entre os fenômenos. Não é por outro motivo que se estabelece um contato com a realidade, de modo a obter informações a seu respeito, dispor de um instrumento que permita coordená-las e fazer aparecer esquemas explicativos.

Um detalhe importante: ao considerar que seus conhecimentos devam ter caráter universal, a ciência deseja resultados que sejam intersubjetivamente controláveis.

Mas quero crer que, em vez de falarmos da ciência em geral, seja melhor caracterizar o que é uma disciplina científica. Nesse sentido, uma disciplina caracteriza-se como científica quando possui um *objeto*, um *método* e um *corpo conceitual*.

Pois bem, toda disciplina científica tem obrigatoriamente um *objeto*, isto é, aquilo para o qual ela tende. Daí constituir-se a objetividade numa de suas principais características, já que por objetividade quer-se entender o modo como uma disciplina científica conhece um objeto. Por isto, e é este o sentido que a ciência moderna atribui ao termo, a objetividade acabou por se tornar característica daquilo que é objetivo, isto é, na postura que adota o cientista de *ver as coisas como as coisas realmente são*.

É possível compreender agora por que a concepção de objetividade só se consolidou com o advento da ciência moderna. Foi ela que se preocupou em distinguir o que é objeto de nossas percepções – no sentido de conhecimento empírico – e o que é objeto de nossa *subjetividade*.

Podemos afirmar que a ciência moderna nasceu sob a égide do que se chamou *método experimental*. Aliás, ainda

A ciência

hoje, quando me refiro à ciência em sala de aula, ouço freqüentemente referências à experimentação.

De fato, a ciência sempre se esforçou por eliminar tudo o que dizia respeito à subjetividade, a fim de poder definir, reproduzir e comunicar os fatos. E o fez prolongando nossos sentidos por meio de instrumentos, via de regra de medir, o que acabou por determinar o tratamento meramente quantitativo dos fatos. Com isto, pensou-se que por meio da repetição dos experimentos fosse possível evitar o risco de erro. Nessa perspectiva, o fato científico nada mais é do que o fato mensurável. Por isso, outro não tem sido o trabalho da ciência que o de descrever seus procedimentos de medida. E para tornar essa descrição fiável, a ciência moderna valeu-se da linguagem matemática.

Portanto, é primordial para o cientista poder reproduzir os fatos. Daí a importância adquirida por aquilo que os cientistas vêm chamando de método experimental. Para muitos que trabalham com os fenômenos da natureza, não há ciência sem experiência.

Cabem aqui duas observações. Uma, a de que outra concepção de ciência se impõe nos dias de hoje – a chamada ciência pós-moderna. Outra, que essa evolução faz-nos refletir sobre a concepção de *método*.

A ciência moderna deslocou a questão do método do sujeito para o objeto. Com isto, criou-se um grande problema, principalmente para as ciências humanas. Por exemplo, para os psicólogos, também a experiência (ou o teste) passou a ter importância. Para o historiador, a fidelidade aos documentos não deixa dúvida sobre a importância dada ao fato.

Por isso, faço coro com aqueles que defendem a tese de que a questão do método tem de ser aprofundada.

Em seu sentido etimológico, método quer dizer *caminho, caminho que se segue*, isto é, ir de um lugar a outro. No nosso caso, o caminho que o *sujeito* percorre para conhecer determinado *objeto*. Trata-se, pois de uma *escolha*. Não é, pois, sem sentido a afirmação (LALANDE, 1993, p. 679) de que "a idéia de método é sempre a de uma direção definível e regularmente seguida numa *operação do espírito*" (o grifo é meu).

Prefiro manter o termo espírito. Pensamento em seu lugar poderia dar a idéia de que tomamos o sujeito apenas como cognoscente, esquecendo-nos das críticas pertinentes a esse respeito.

Por outro lado, poderia surgir a idéia de uma fragmentação da própria concepção de sujeito, tal qual as das antropologias contemporâneas, com relação à concepção de homem, absolutamente indefensáveis em tempos pós-modernos.

Vejo, então, dois caminhos para o conhecimento do objeto: o *categórico-dedutivo* e o *empírico-indutivo*. Preciso dizer que aprendi isso com um grande mestre – Antônio Rubbo Muller –, quando nos idos de 78/79 discutíamos essas questões, por conta de um Mestrado que eu fazia em Lógica, Teoria do Conhecimento e Epistemologia, na escola que ele dirigia – a Escola de Sociologia e Política de São Paulo.

No método categórico-dedutivo, parte-se de uma afirmação de caráter universal que deverá ser demonstrada, deduzida.

Já no método empírico-indutivo, parte-se do objeto (a parte) para se chegar à generalização. Nesse caso, é possível antecipar uma seqüência de operações, a fim de evitar certos erros e lograr o fim desejado.

Tenho-me permitido fazer um detalhamento que julgo dos mais importantes para a metodologia científica.

A distinção entre métodos, enfoques e procedimentos. Tratarei disso mais adiante.

Falemos agora do *corpo conceitual*. Para facilitar o entendimento do que isto seja, quero dizer que toda disciplina científica tem uma terminologia própria, o que, na maioria das vezes, chega a identificá-la, sem referência explícita a ela. Por exemplo, quando me refiro, aleatoriamente, a *número, cálculo, binômio, congruência, resto, função...* sequer preciso mencionar Matemática. Quando me refiro a *peso, massa, aceleração, movimento, vetor, gravidade etc.*, sequer preciso mencionar Física.

O corpo conceitual, pois, revela aquilo que é característico de uma disciplina científica. Revela os elementos que lhe são próprios.

Aliás, a lógica do discurso de uma disciplina científica depende, também, de seu corpo conceitual.

Mas, não é só. Desenvolve-se hoje

a noção de ciência contextual, contingencial, circunstancial, resultante da combinação de fatores sociais e econômicos. As vertentes contemporâneas mais radicais conferem à ciência um estatuto semelhante a outras manifestações culturais, como a religião e a arte, considerando-a uma prática mais humana e mais caótica do que se acreditava anteriormente. É possível, então, atribuir à ciência um valor de comprometimento político, enquanto considerada uma rede de relações de força, que não tem existência em si, a não ser como séries de fatores externos à sua constituição lógica, não implicando uma questão de racionalidade científica (PORTOCARRERO, 1994, p. 20).

Capítulo IV
A história da ciência

Q uando deparo com a questão do *método científico*, em época de ciência pós-moderna, justamente por conta das transformações pelas quais passa o pensamento científico, volto-me para a História da Ciência. Mesmo sabendo e até admitindo muitas das críticas que lhe são feitas: "e a história da ciência (...) é a mais estonteante das incertezas" (BRONOWISKI, s/d, p. 9).

Na verdade, eu penso, trata-se de uma história que, antes de tudo, tem preferido relatar, ou simplesmente descrever, aqueles aspectos da ciência que dizem respeito mais às descobertas científicas, do que propriamente refletir sobre a origem e o desenvolvimento desse tipo de atividade humana.

Por outro lado, ao considerar a ciência como moderna, surgida nos séculos XVI e XVII, esquece-se de que somos caudatários da ciência grega e de que os gregos identificavam ciência com filosofia. Esquece também de que, na Idade Média, a filosofia foi incorporada à religião e que só mais tarde com o advento do chamado "método" experimental – justamente o responsável pela caracterização da ciência como moderna –, é que se tratou de "diferenciá-las".

Mais ainda, a crença desmesurada na nova ciência levou a filosofia natural a buscar, no mecanicismo newtoniano, a base de sua fundamentação, bem como levou toda uma filosofia "idealista" a com ela "romper". Assim, a ciência passou a desconsiderar quase que por completo a Metafísica.

Com isto, quero dizer que a quase totalidade dos relatos em História da Ciência contribuiu muito modestamente para com alguns aspectos fundamentais da história das idéias, o que, em quase todos os casos, levou a um falseamento do pensamento. No sentido, principalmente, de que se a palavra ciência deriva do latim *scientia, scire,* isto é, saber, conhecer, e significa, em seu sentido mais lato, qualquer conhecimento, chegou a restringir-se ao conhecimento tudo o que é produzido pelas ciências físico-naturais.

Não é por outro motivo, pois, que as demais ciências – as humanas, por exemplo – estão freqüentemente em busca de critérios de cientificidade que acaba por reafirmar o estatuto epistemológico da ciência fisicalista, caracterizado pela busca de um "poder explicativo", pela "comprovação pela experiência" (RABUSKE, 1980, p. 25) e pela aceitação de uma única concepção – "restrita" – de ciência.

Podemos afirmar que a ciência se iniciou com a observação de certos fenômenos da natureza, mas não podemos nos esquecer de que o homem, há muito tempo, havia criado instrumentos rudimentares: processou a pedra, por exemplo, e criou o martelo; processou-a, depois, e transformou em bigorna, que permitia trabalhar com mais esmero, uma vez que se passou a retoques para a aquisição de face ou corte; criou a faca, a raspadeira, a furadeira, a arma.

Mais tarde, o homem observou as plantas e os animais, que poderiam caracterizar uma ciência biológica. Além disso, muito cedo desembocou no animismo – crença de que as coisas naturais eram todas animadas – e na magia

– "ciência" que pretendia dominar as forças da natureza, valendo-se dos mesmos procedimentos de sujeição dos seres animados.

Interessante observar que, ainda hoje, na linguagem cotidiana, valemo-nos de expressões como "o sol se deita" ou o rio "descansa".

Portanto, esses e mais a astrologia e a religião estiveram presentes nas origens do que chamaríamos de a "ciência moderna", embora, talvez, não se possa hoje determinar com precisão suas relações mais profundas.

Unidades de medição e regras de medição, aritmética elementar, calendário, periodicidade de certos acontecimentos astronômicos e previsão de eclipses são conhecimentos encontrados em documentos antigos da Babilônia e do Egito e revelam um tipo de conhecimento – o empírico, entendido aqui como aquele que se tem por intermédio dos órgãos dos sentidos.

Porém, os primeiros a submeterem os conhecimentos a uma elaboração racional e a tratá-los em termos de relações causais, de ordem e de acaso, foram os gregos, que criaram, efetivamente, a ciência que nós, ocidentais, desenvolvemos.

Seja como for, a História da Ciência "não substitui a ciência", mas, "lança uma ponte para a ciência, qualquer que seja o interesse humanista em que ocorra estarmos situados" (BRONOWISKI, s/d, p. 9).

Como não poderia deixar de ser, os novos ventos da pós-modernidade modificam o panorama predominante e propiciam interações entre as ciências, e destas com a Filosofia em geral, com a Epistemologia e com a História da Ciência.

Nossos tempos demonstram, ainda, a expressiva contribuição das ciências sociais a partir da década de 60, quando, com destaque para a obra de Thomas Kuhn, evidenciou-se a ruptura com a visão da ciência enquanto sistema autônomo de produção de verdades. Entre outras contribuições que sucederam a Kuhn, destacam-se as postulações do *programa forte*, a análise de controvérsias, o desenvolvimento das abordagens antropológicas e os estudos que propõem apreender em uma mesma dinâmica o universo dos artefatos e dos homens (GADELHA, 1994, p. 7).

É, pois, pela História da Ciência que compreendemos a própria ciência. Por isso, aconselho todo pesquisador a passar por ela. É de uma importância muito grande.

Já me referi a Thomas Kuhn. Sua trajetória pessoal e profissional corrobora o meu pensamento.

Thomas Kuhn (1922-1996) foi um filósofo norte-americano de grande renome. Um dos mais importantes representantes da epistemologia contemporânea. Há até os que dizem que a ciência tem um período anterior e posterior a ele. A publicação de *Criticism and the Growth of Knoweledge*, em 1970, pode ser tomada como marco dessa divisão.

Recebeu o título de doutor em Harvard, no ano de 1949, onde permaneceu como docente até 1956. Nesse mesmo ano, transferiu-se para a Universidade da Califórnia, em Berkeley. Foi docente em Princeton entre os anos de 1964 e 1979, quando se transferiu para o Instituto Tecnológico de Massachusetts.

Contudo, sua obra mais conhecida é, sem dúvida, *The Structure of Scientific Revolutions*, publicada em 1961. Alguns de seus conceitos centrais passaram a fazer parte de muitas elaborações teóricas, principalmente, o de *paradigma*. Além disso, sua postura frente à ciência consagrou a idéia de que ela é um fato social e que difícil seria pensá-la sem essa categoria.

Portanto, não há como se dedicar à Ciência hoje sem a leitura desse livro.

Não vou aqui discutir as teses de Kuhn. Quero apenas ressaltar quão importante foi para ele ter penetrado no âmbito da História da Ciência.

Já no primeiro parágrafo do Prefácio, afirma Kuhn que

> um envolvimento *afortunado* com um curso experimental da universidade, que apresentava a ciência física para os não-cientistas, proporcionou-me a primeira exposição à História da Ciência. Para minha completa surpresa, *esta exposição a teorias e práticas científicas antiquadas minou radicalmente algumas das minhas concepções básicas* a respeito da natureza da ciência e das razões de seu sucesso incomum (KUHN, 1990, p. 9).

Destaquei propositadamente as expressões que expressam o que quero mostrar.

Vale a pena saber um pouco mais:

> eu retirara essas concepções em parte do próprio treino científico e em parte de um antigo interesse recreativo na Filosofia da Ciência. De alguma maneira, quaisquer que fossem sua utilidade pedagógica e sua plausibilidade abstrata, tais noções não se adaptavam às exigências do empreendimento apresentado pelo estudo histórico. Todavia, essas noções foram e são fundamentais para muitas discussões científicas. Em vista disso parecia valer a pena perseguir detalhadamente suas carências de verossimilhança. O resultado foi uma mudança drástica nos meus planos profissionais, uma mudança da Física para a História da Ciência e a partir daí, gradualmente, de problemas históricos relativamente simples às preocupações mais filosóficas que inicialmente me haviam levado à História.

Fica, pois, ao leitor, lançado um desafio, uma vez que se supõe "clara a meta de compreender a ciência, entender sua evolução, sondar suas origens, abordar suas crises, denunciar seu caráter de violência e de dominação da natureza e dos homens. Contudo, o seu maior desafio agora não é dominar, mas salvaguardar o mundo" (PORTOCARRERO, 1994, p. 17).

Capítulo V
A superação das dicotomias e das visões fragmentadas

Como afirmei anteriormente, a ciência é tida hoje como uma das possíveis interpretações da realidade. Desse ponto de vista, o conhecimento científico é construído por sujeitos. Ao lado da ciência estão a Filosofia, a arte, a religião e o senso comum, que também interpretam a realidade, a partir, é claro, de seus próprios interesses.

Referir-se a essa característica da ciência – a de interpretar a realidade – significa referir-se à concepção de ciência denominada de pós-moderna. Noutras palavras, as características de descrição e de interpretação da realidade passam a co-existir. E justamente porque prevalece na concepção pós-moderna de ciência a idéia de superação de qualquer dicotomia.

Faço questão de mencionar, aqui, obra que trata com grande lucidez os problemas da nossa escola atual – *Questionar o Conhecimento*, de Regina Bochniak (1998). Voltada para a interdisciplinaridade, a autora questiona as principais dicotomias e visões fragmentadas que ainda vigoram na escola, características próprias da concepção moderna de ciência, e sugere que sejam superadas.

Interessante começar a discutir interdisciplinaridade por ela, uma vez que a autora propugna a continuidade do processo gnosiológico na escola, quando intenta, por meio da postura e da atitude interdisciplinares, fazer de alunos e professores pesquisadores.

Já na Introdução à 2ª edição de sua obra, a autora afirma que "não são poucos (...) os que têm a sensação ou até mesmo a indisfarçada crença de que *eles não são eles mesmos*. E acusa: o desenvolvimento científico e tecnológico, que conduz o homem moderno a uma extremada especialização e conseqüente visão fragmentada do mundo, talvez seja o principal responsável por essa sua sensação, cada vez maior, de 'anonimato' como sujeito da história" (p. 13).

Faz um alerta: "pode não parecer assim aos que – habituados a ver o mundo de forma fragmentada e, portanto, disciplinar – imediatamente argumentariam que a discussão pode se tornar teórica, em contraposição à prática" (p.13).

E depois de afirmar que "a imposição da visão fragmentar é sutil", diz que ela "perpassa todas e cada uma das especialidades, a ponto de fazer o homem confessar esta outra falsa crença e fragmentada visão de que a teoria guarda distância da prática" (p.13).

Depois de apontar a maneira equivocada com que a escola vem tratando o conceito e fazer um apanhado histórico da evolução da racionalidade científica moderna, a autora (p. 27-8), acompanhando o debate atual acerca da ciência, define o que considera ser sua concepção radical de interdisciplinaridade:

> atitude de superação de todas e quaisquer visões fragmentadas e/ou dicotômicas – sedimentadas pelo modelo de racionalidade científica da Modernidade – que ainda mantemos de nós mesmos, do mundo e da realidade, sem que se desconsidere qualquer dos segmentos ou pólos indicados (corpo e mente; pensamento, sentimento e movimento; trabalho manual e intelectual; teoria e prática; idealismo e realismo; obrigação e satisfação; quantidade e qualidade) e sem que anule a identidade das disciplinas e/ou

áreas da produção e expressão do conhecimento contempladas (física, matemática, história, sociologia, anatomia...; ciências físico-naturais e ciências humanas e sociais...; ciência, filosofia, arte e religião).

Como simplificação do conceito, "atitude de superação de toda e qualquer visão fragmentada e/ou dicotômica que ainda mantemos de nós mesmos, do mundo e da realidade" (p. 28).

Em que pese, claro, o conceito apresentado pela autora, julgo importante olhar com mais cuidado o termo interdisciplinaridade.

A meu juízo, a interdisciplinaridade pode ser vista como um *ideal* – a concepção de Regina Bochniak –, como *atitude* – a concepção adotada por Ivani Fazenda e tida por muitos como a interdisciplinaridade brasileira – e como *procedimento metodológico* – concepção de interdisciplinaridade que adotam principalmente os epistemólogos, quando analisam os discursos científicos.

Em seu último livro, *Interdisciplinaridade: qual o sentido?* (2003, p. 75), Ivani FAZENDA afirma:

...uma atitude ante alternativas para conhecer mais e melhor; atitude de espera ante os atos não consumados, atitude de reciprocidade que impele à troca, que impele ao diálogo, ao diálogo com pares idênticos, com pares anônimos ou consigo mesmo, atitude de humildade ante a limitação do próprio saber, atitude de perplexidade ante a possibilidade de desvendar novos saberes; atitude de desafio, desafio ante o novo, desafio em redimensionar o velho; atitude de envolvimento e comprometimento com os projetos e com as pessoas neles envolvidas; atitude, pois, de compromisso em construir sempre da melhor forma possível; atitude de responsabilidade, mas sobretudo, de alegria, de revelação, de encontro, enfim, de vida.

Não tenho a intenção de aqui discutir a questão da interdisciplinaridade como procedimento metodológico.

Não há tempo nem espaço para isso. Contudo quero chamar a atenção para uma dificuldade que os pesquisadores têm encontrado. Existem muitas obras filosóficas e, também, de outras áreas do conhecimento, que tratam das questões relativas aos métodos. Contudo, poucas se dedicam a esse conceito. A grande maioria delas tem a preocupação única de descrever métodos e procedimentos metodológicos. Ora, para se pesquisar é necessário não só ter uma concepção de método como saber sobre o que é que faz metódico o método e qual a natureza, os traços gerais e os traços essenciais da atividade metódica.

Um aspecto importante: naquilo que nos diz respeito, jamais tomar o conceito de interdisciplinaridade na perspectiva ingênua e superficial de integração de conteúdos ou da negação da identidade de cada uma das disciplinas científicas.

É preciso, também, considerar a questão do desenvolvimento do conhecimento científico. Trata-se de uma discussão que inevitavelmente deverá contar com a colaboração das disciplinas que, juntas, articularão o que de específico há em cada uma delas. Aliás, já é possível observar que muitos discursos, de diferentes ciências, principalmente aquelas que dizem respeito ao humano, fazem fronteiras entre si.

Capítulo VI
A ciência da educação

Parece já consagrado que a educação é tida como uma prática. Para alguns, uma prática social. Para outros, uma prática social histórica.

Contudo, é preciso observar que, originariamente, prática, ou fazer, tem o sentido de arte – a *téchne* grega – e, como tal, exige um conhecimento daquilo que se faz. Aliás, outro não é o sentido de *téchne* que o de *fazer e ensinar (saber) a fazer*. Noutros termos, para se fazer bem é preciso que se *conheça* o que se faz e para se saber bem é preciso que se tenha competência para fazer.

Daí uma constatação. Predomina hoje em nosso discurso educacional, e isto preocupa, um fortíssimo conteúdo de senso comum ou um fortíssimo conteúdo ideológico. Em sua grande maioria referem-se ao *fazer* pedagógico.

Muitas obras, e já há algum tempo, têm feito uma distinção que considero das mais importantes. A distinção entre Educação e Pedagogia. Vou me valer dela para poder caracterizar melhor aquilo que chamo de *Ciência da Educação*.

Referi-me, anteriormente, à Educação como uma prática, como um fazer. Afirmei também sobre a necessidade do saber-fazer. Por isso, nomeio a Ciência da Educação de *Pedagogia*, embora, desde já, possa concordar com a impropriedade da nomeação. Mas, creio, é preciso fazer essa distinção.

Contudo, sem dicotomizar, uma vez que, é preciso considerar a inevitável indissociabilidade entre teoria e prática. Toda prática traz embutida em si mesma uma ou mais teorias e toda teoria traz embutida em si mesma uma prática. O que freqüentemente ocorre é que nem sempre se tem consciência disso. Basta ficar atento àqueles que querem sempre *aplicar* teorias.

A questão, pois, é justificar a Pedagogia como disciplina científica.

Ao afirmarmos que a Pedagogia é a ciência da Educação, consideramo-la (a Educação) seu objeto. A questão fundamental aqui é, no entanto, o que se concebe por Educação. Com isso quero dizer que é equivocado pensar que a Pedagogia é uma reflexão sobre o que se faz nas escolas. Ela é muito mais do que isso. A História das Pedagogias mostra-nos isso claramente.

Se considerarmos que somos caudatários da ciência grega, podemos afirmar que desde então sempre houve a preocupação com um certo ideal de formação humana.

Importante salientar que os gregos absorveram e transmitiram o patrimônio cultural de muitas culturas que os precederam, principalmente a babilônica e a egípcia. E não deixaram de transmitir os seus próprios conhecimentos.

Posto isso, quero dizer que é preciso tomar cuidado com a expressão *ciências da educação*, embora seja esta uma expressão bastante difundida. Muitos atribuem a expressão àquelas ciências que, muitas vezes, servem de suporte para algumas argumentações em termos pedagógicos: Sociologia, Psicologia, Antropologia... Contudo, essas ciências não são *da* educação. Mesmo que elas possam estudar determinados aspectos que dizem respeito à Educação, elas o fazem sob a ótica de cada uma delas mesmas.

Não me referi à Filosofia, porque não a considero uma ciência. Pelo menos no sentido em que esta tomou desde os séculos XVI e XVII, isto é, estudo dos fenômenos, estudo do que aparece, submetido à prova matemática, no caso das ciências formais, e, à verificação, no caso das ciências empíricas.

Quanto ao método, eu diria, desde já, não há um método específico para a Pedagogia, do mesmo modo como não há para qualquer ciência. Como já dissemos, é uma opção que cabe a cada pesquisador. Tudo depende do ponto de partida. Ou do geral ou do particular.

Por fim, o corpo conceitual. Podemos afirmar que a Pedagogia não tem um corpo conceitual definido. Podemos, pelo que vimos acima, saber o porquê. Mas isso não causa problema algum, uma vez que nos valemos de conceitos utilizados por outras disciplinas científicas, quando isso se faz necessário. Importante observar que a esses conceitos devem ser atribuídos significados absolutamente apropriados.

Quero sublinhar, ainda, que é preciso dar um tratamento científico à Educação. Todos nós fazemos idéia do que ela seja. Afinal, por muitos anos fomos alunos e, provavelmente, há alguns anos somos professores. Contudo, repito, essa idéia que dela fazemos é uma idéia unilateral e, muitas vezes, falsa, por ser calcada no senso comum. Por isso, é preciso ter acesso às teorias (Pedagogia).

Além disso, é preciso que cada professor questione freqüentemente seu papel social e profissional. As relações sociais, as influências do meio, das condições de trabalho, da mídia, da política, entre outros, fazem da Educação, por ser educação, uma atividade humana *sui generis*.

Como curiosidade, convém saber que o problema da Pedagogia como ciência foi discutido por Herbart, no ano de 1806. Foi retomado por Dilthey, em 1884, e posteriormente por Dewey, quando por duas vezes se manifestou a respeito. Numa conferência pronunciada na importante sociedade Kapa Delta Pi e num ensaio quando do *37 Yearbook*, da National Society for the Study of Education.

Durkheim contribuiu decisivamente para o surgimento da ciência da educação. Foi considerado pedagogo, pois durante toda sua vida ensinou Pedagogia, e também Sociologia. De 1887 a 1902, lecionou em Burdeos. Em 1902, substituiu Ferdinand Buisson, na Sorbone, assumindo a cátedra que passou a ser dele definitivamente em 1906. Morreu em 1917, ainda se dedicando à Pedagogia.

Com Comte, Marx, Weber e Durkheim, abriu-se o caminho para a Sociologia da Educação.

Deve-se ter presente, ainda, a influência que exercem, na Pedagogia, a Psicologia, a Psicanálise e, mais recentemente, as "ciências da vida".

As práticas pedagógicas são modificadas e surgem as novas tecnologias. Enfrentam-se as incertezas da avaliação. A educação de adultos é um desafio e se discutem os fins da educação e o papel da escola.

Capítulo VII
O projeto de pesquisa

Antes de pensar no projeto de pesquisa é preciso 1) conhecer as diferentes disciplinas que fazem uma análise do conhecimento científico; 2) saber sobre como diferentes estudiosos classificam o conhecimento científico; 3) entender quais dificuldades existem para se chegar a uma definição de ciência; e 4) quais disciplinas filosóficas têm por objeto a análise do conhecimento científico.

Por outro lado, é preciso estar convencido sobre a influência da ciência, nos dias de hoje, em todos os setores da vida social. A *linguagem* científica faz parte do nosso cotidiano e os efeitos dos poderes da ciência são percebidos no mundo todo.

Contudo, tenho observado, de uns anos para cá, que há uma certa predisposição dos alunos em não elaborar o projeto de pesquisa. Querem passar imediatamente a pesquisar. Alguns até consideram ser perda de tempo debruçar-se sobre ele. O que evidentemente não está correto. Um projeto de pesquisa bem elaborado significa meio caminho andado na consecução do trabalho de pesquisa. Além do mais,

> **Antes de começar a pesquisar, é preciso saber pesquisar e, mais, o que se vai pesquisar.**

É isso mesmo. Antes de tudo, você deve decidir-se por um *tema*. De preferência, um tema que conheça bem. Um tema que já tenha estudado bastante e do qual goste.

Certamente, surgirão muitas dúvidas. Delas decorrerão o *seu problema de pesquisa*. Mas, cuidado. O problema de pesquisa não é o conjunto das dúvidas que você possui. Ele deve ser, além de específico, muito bem delimitado. De modo algum, vago ou impreciso.

Além disso, recomenda-se, academicamente, que seja único. Cuidado, pois, com a sua formulação.

Por exemplo, *a formação de educadores para a diferenciação curricular* indica um problema de pesquisa. Mas a *formação de educadores para a diferenciação curricular e para a eqüidade* indica dois. *Concepção antinômica da educação* indica um problema de pesquisa. Mas *concepção antinômica de pesquisa e suas implicações para o currículo multicultural cosmopolita* indicam dois.

Passo seguinte do projeto: a *relevância* da pesquisa. Por que é importante pesquisar o que se está propondo? Não esqueça: toda pesquisa deve ter uma relevância *pessoal* e uma relevância *social*.

Observe o seguinte. Quando pensamos a realidade física, pretendemos, apenas, descrevê-la, interpretá-la, explicá-la. Já com a realidade humana é diferente. Se não podemos modificar a realidade física, a humana podemos. O pensamento é uma atividade humana e surge de outras atividades humanas. Portanto, exerce influência sobre tudo que é humano. Além disso, há o problema da responsabilidade moral e social que o acompanha.

Mais um passo: o(s) *objetivo(s)* da pesquisa.

Muitos estudantes se atrapalham quando precisam se referir aos objetivos da pesquisa. Muitas vezes, objetivos são tomados como problemas de pesquisa e vice-versa. É preciso atenção. Outros insistem em mencionar objeto de pesquisa. Vejamos:

OBJETIVO adj. Relativo ao objeto. / Que existe independentemente do pensamento; que diz respeito ao mundo exterior (*opõe-se a subjetivo*). / Que expõe, investiga ou critica, baseando-se nos fatos e não nos sentimentos; isento de parcialidade: *crítica objetiva*. / – S. m. Fim a atingir; alvo, propósito.

OBJETO s.m. Tudo o que se oferece à vista, que afeta os sentidos. / Qualquer coisa. / *Fig.* Tudo o que se oferece ao espírito, que o ocupa; intenção, propósito. / Causa, motivo de um sentimento, de uma ação. / Matéria própria: *o objeto de uma ação*. / *Dir.* Aquilo sobre o que incide um direito, uma obrigação, um contrato, uma demanda em juízo. / *Filos.* O que é pensado e se opõe ao ser pensante, ou sujeito. / *Gram.* Complementos verbais: *objeto direto e objeto indireto*. // *O objeto amado, a pessoa a quem se ama* (KOOGAN/HOUAISS, 1997, p. 1157).

Percebeu a diferença? Aliás, não pense duas vezes para recorrer ao dicionário. Quando estiver trabalhando com um texto de uma área específica, existem dicionários para eles. Há dicionários de Filosofia, Sociologia, Psicologia, Ciências etc. Use-os sempre. Nunca passe por cima de um vocábulo que não conheça.

Outro passo para a consecução do projeto de pesquisa: a justificativa.

Claro que existe uma justificativa implícita aí. Afinal, você fará uma pesquisa que valerá como trabalho de conclusão de curso. Essa é a chamada *justificativa acadêmica*. Não é a ela que me refiro.

Sua justificativa dirá respeito ao porquê dela, no aspecto "contribuição para o desenvolvimento da Ciência".

Este é um ponto que choca muitos estudantes. Eles não se acham capazes de contribuir para o desenvolvimento da Ciência. Ora, se estão pesquisando...

Descreva o contexto da pesquisa, fale sobre a definição do problema, explicite os objetivos e diga por que quer pesquisar o que propõe. Antecipe uma situação precisa, nova, que deseja ver realizada – a *variável dependente*. Selecione, e/ou crie, e organize os meios de intervenção que achar pertinente relativamente à mudança que deseja – a *variável independente*. Não se esqueça da relevância pessoal e social.

Mais um passo: o *referencial teórico*.

Claro está que, se já se decidiu por um tema e tem um problema de pesquisa, muitas leituras já foram feitas. Artigos de revistas científicas, capítulos de livros, ou mesmo alguns livros, um ou vários documentos – não se esqueça, no caso da pesquisa, a leitura é seletiva – propiciarão a você tomar um posicionamento teórico. Será ele que possibilitará uma melhor compreensão e organização do seu trabalho. Pergunte a você mesmo: que argumentos sugeridos por um ou vários autores apóiam o meu trabalho?

Um passo a mais: a *metodologia* da pesquisa. Embora não seja conveniente antecipar a metodologia a ser utilizada – é preciso iniciar a pesquisa para se saber disso –, você pode prever a utilização de alguns procedimentos metodológicos. Faça-o nesse momento. Mais à frente vou me dedicar à metodologia.

Outro passo: o *cronograma da pesquisa*. Refere-se às etapas que deverão ser percorridas ao longo da pesquisa. Determina o tempo que cada uma demandará.

Um último passo: a *bibliografia* consultada e a que levantou para poder executar o projeto. Mas lembre-se:

outros artigos de revistas científicas, capítulos de livros, livros e documentos certamente aparecerão durante o desenvolvimento da pesquisa. Você deve manter-se constantemente atualizado.

Relacione todo material utilizado para a elaboração do projeto e para a consecução da pesquisa. Não esqueça: siga as normas da Associação Brasileira de Normas Técnicas (ABNT).

Capítulo VIII
A leitura de textos filosóficos ou científicos

Você já deve ter percebido que não é fácil fazer a leitura de um texto filosófico ou científico. Há de concordar comigo que são muitas as dificuldades. Ouço freqüentemente dos meus alunos que eles não entendem o que os autores querem dizer. Ou como saber se os autores quiseram dizer o que eles pensam que os autores disseram. Alguns mais exacerbados chegam a se perguntar por que precisam ler o que tem de ser lido.

Ora, você irá elaborar uma monografia. Precisará de elementos para isso. A leitura da bibliografia é essencial; por ela você vai formalmente adquirir os conhecimentos necessários para a consecução de seus objetivos. Para isso, você precisa, de fato, ser um bom leitor.

Não se esqueça. Você já venceu algumas etapas, como a da elaboração do projeto de pesquisa. Portanto, já se decidiu por um tema e, o que é muito importante, por um problema de pesquisa. Precisa agora resolvê-lo.

Faça o levantamento bibliográfico necessário, organize-o e passe a ler texto por texto.

Mas saiba: ler o texto significa reconhecer e compreender as noções de signos e tipos de signos, linguagens naturais e artificiais, e os níveis de análise semiótica. Significa dar a devida importância aos signos no processo de conhecimento e comunicação.

Há muitas disciplinas científicas que estudam os signos – lingüística, lógica, psicolingüística, neurobiologia etc.

Três são os elementos constitutivos do *processo semiótico*: os signos, os objetos e o intérprete, que formam uma tríade. Portanto, entende-se por *processo semiótico* aquele pelo qual o homem constrói símbolos, isto é, dá significação às *coisas* do mundo, convertendo-as em *sinais*.

Pois bem, inicie a leitura do texto procurando, antes, por conhecer o autor. Explore bem os dados de sua vida e de sua obra. Conheça seu ambiente cultural e suas preocupações em relação a ele.

Leia o texto atentamente. Assinale tudo o que nele for desconhecido para você. Muita atenção ao vocabulário. Não dê qualquer sentido às palavras. Elas certamente terão um sentido específico. Pesquise tudo aquilo que for desconhecido para você.

Você tem que dispor de todos os elementos para saber exatamente o que o autor quis dizer. Se se puser a falar do texto sem que saiba exatamente o que o autor quis dizer, estará interpretando e isso constituirá uma interpretação equivocada.

Por isso, não desanime. Leia o texto quantas vezes forem necessárias. Não passe adiante se for para deixar para trás alguma coisa que não entendeu.

Aprenda a fazer anotações. Elas poderão ajudá-las no momento da elaboração da dissertação.

Habitue-se a fazer um fichário para anotar as obras lidas. Será muito mais fácil organizar a bibliografia por ele. Há um tempo atrás, era comum aconselhar os alunos a terem fichas. Essas que se compram em papelarias. Em cada uma delas, a indicação do documento lido. Hoje,

A leitura de textos filosóficos ou científicos 53

com o advento do computador basta abrir uma pasta com a denominação bibliografia.

Faça anotações. Abra pastas para isso. Certamente você irá usá-las quando estiver elaborando a escrita de sua monografia.

Você poderá anotar partes do texto que julgue importante para conhecer verdadeiramente o pensamento do autor.

Poderá anotar parágrafos que poderão ser utilizados em citações, como também anotar definições dadas pelo autor.

MEDEIROS (1996, p. 16) define anotação "como processo de seleção de informação para posterior aproveitamento". E aconselha: "as notas devem permitir redação a partir delas, ou seja, não devem ser tão sintéticas que dificultem o entendimento e não possam ser convertidas em texto".

Você sabe onde pretende chegar. Isso justifica tudo o que fizer em termos de levantamento bibliográfico.

Mas cuidado. Fique atento para a qualidade das fontes de pesquisa. Escolha somente documentos que tenham referência. As bibliotecas hoje estão equipadas para auxiliar você nesse aspecto. Procure-as com freqüência. Não se limite a uma ou duas. Esteja em contato com quantas puder.

Não se esqueça dos periódicos. Os periódicos contêm os artigos mais atuais. Mostram claramente as tendências do momento.

Tenho aconselhado meus alunos a fazer sempre um *resumo* dos textos que lêem. Com a intenção única de que saibam exatamente aquilo que os autores querem dizer.

Penso que se começarem a falar de um autor do jeito que quiserem estarão fazendo o que muitos chamam de *interpretação*, mas isso não significa interpretar um texto.

O resumo considerará a idéia ou as idéias principais de cada parágrafo do texto, sem mudar as palavras do autor. Só assim se saberá o que realmente o autor quis dizer.

Somente depois do resumo é que se fará a interpretação. Esta, por sua vez, envolverá outros conhecimentos, porque tem como uma de suas características principais ser crítica.

Você tem que fazer uma leitura crítica dos textos, para poder pensar criticamente, isto é, acatar o que vem de encontro às suas interferências pessoais e culturais e rejeitar o que não vem de encontro a elas. Pensar criticamente significa refletir sobre a validade daquilo que foi lido à luz dos conhecimentos existentes.

Capítulo IX
Os elementos formais da elaboração da monografia

São quatro os elementos formais que você terá de considerar ao elaborar a sua monografia. Eles não têm uma ordem pré-estabelecida. Apenas, devem fazer parte da elaboração: o epistemológico, o teórico, o morfológico e o técnico. DE BRUYNE, HERMAN e DE SCHOUTHEETE (1977, p. 35) denominam-nos pólos da pesquisa.

Ao epistemológico já nos referimos anteriormente. Mas não custa relembrar. O epistemológico diz respeito ao conhecimento que precisamos ter da ciência.

Na elaboração da monografia, o epistemológico permitirá o que chamo de *enfoques da pesquisa* ou, como querem alguns, de processos discursivos.

No caso da pesquisa em Educação, seriam eles predominantemente o dialético, o fenomenológico, o hermenêutico.

ABBAGNANO (1996) dá os seguintes significados para as palavras dialética, fenomenologia e hermenêutica:

Dialética. Na história da filosofia este termo, derivado de diálogo, não tem uma significação unívoca, de modo que possa ser determinado e aclarado de uma vez por todas, mas tem recebido distintos significados diversamente aparentados entre si e não reduzíveis uns aos outros ou a um significado comum. No entanto, é possível distinguir quatro *significados fundamentais: 1) a **D**. como método da divisão; 2) a **D**. como lógica do provável; 3) a **D**. como lógica; 4) a **D**. como síntese dos opostos* (p. 315).

Fenomenologia. *A descrição do que aparece ou a ciência que tem como tarefa ou projeto esta descrição* (p. 531).

Hermenêutica. *Uma técnica qualquer de interpretação (p. 603)*.

É claro que nesse momento isso diz muito pouco, mas com o andamento da pesquisa as coisas vão se esclarecendo.

A teoria tem uma função importantíssima no processo metodológico, uma vez que é por ela que rompemos com o senso comum. É por ela que racionalizamos e explicamos a realidade. Por isso mesmo, permite a definição do nosso *referencial teórico*.

Na pesquisa em Educação temos predominantemente o positivismo, o funcionalismo e o estruturalismo. Veja o sentido dessas palavras, segundo o próprio ABBAGNANO.

Positivismo. *O termo foi adotado pela primeira vez por Saint-Simon para designar o método exato das ciências e sua extensão à filosofia (**De la religion Saint-Simonienne, 1830, p.3**). Augusto Comte intitulou assim sua filosofia e por obra sua passou a designar um grande direcionamento filosófico que, na metade do século XIX, teve inúmeras e variadas manifestações em todos os países do mundo ocidental. A característica do **P**. é a romantização da ciência, sua exaltação como único guia da vida particular e associada do homem, isto é, como único conhecimento, única moral e única religião possível* (p. 936).

Funcionalismo. *A **P**. [Psicologia] funcional ou **funcionalismo** (...) considera que o objeto da **P**. [Psicologia] é constituído pelas funções ou operações do organismo* *vivente, consideradas como unidades mínimas indivisíveis (p. 969).*

Estruturalismo. *Por **estruturalismo** ou **psicologia estrutural** (...) entende-se a psicologia da forma (p. 464).*

Aqui também, ao longo da pesquisa você entenderá melhor como isso se dá nas teorias educacionais.

O morfológico organiza os acontecimentos. Estrutura os objetos científicos.

Na pesquisa em Educação temos predominantemente as tipologias, os sistemas e os modelos.

O técnico diz respeito à coleta de dados. Assim a entrevista (estruturada, livre, centralizada num tema particular), o questionário, a observação direta, a observação participante e a análise documental.

De um esquema de DE BRUYNE, HERMAN e DE SCHOUTHEETE (1977, p. 211-4) extraio a esse respeito:

A entrevista é oral e pode ser estruturada (protocolo fixo), livre (sobre um tema geral), centralizada num tema particular (lista-controle), informal e contínua, podem ser repetidas e ter profundidade indireta.

Com as entrevistas buscam-se os fatos observados e/ou opiniões expressas (sobre acontecimentos, sobre os outros, sobre a própria pessoa), mudanças de atitudes e de influências, evoluções dos fenômenos, significações das respostas, conteúdo latente.

O questionário é escrito e tem as mesmas características da entrevista. Pode ser estruturado (protocolo fixo), livre (sobre um tema geral), centralizado num tema particular (lista-controle), informal e contínuo, podem ser repetidos e ter profundidade indireta.

Com os questionários buscam-se os fatos observados e/ou as opiniões sobre os acontecimentos, sobre os outros, sobre a própria pessoa, buscam-se mudanças de atitudes e de influências, evoluções dos fenômenos, significações das respostas, conteúdo latente.

Com a observação direta, sistemática (observador externo), buscam-se os caracteres ou propriedades de um número de acontecimentos ou de unidades (distribuições, freqüências), os vários caracteres ou propriedades da mesma situação ou do mesmo objeto, as ações constatadas, explicações recebidas, significações referidas e os incidentes ou histórias, fatos recorrentes.

Buscam-se, com a observação participante (observador conhecido ou oculto), fatos, tais como são para os sujeitos observados, e fenômenos latentes (que escapam aos sujeitos, mas não ao observador).

As *fontes* da análise documental podem ser particulares ou oficiais (arquivos, relatórios, estatísticas, direta ou indiretamente pertinentes, referindo-se à instituição ou à situação estudada).

Buscam-se, com elas, fatos, atributos, opiniões, comportamentos, evoluções, tendências (exploração, pré-pesquisa, verificação de hipóteses).

A coleta de dados está intimamente ligada ao que chamo *de procedimento metodológico* ou, como querem alguns, os modos de investigação.

Na pesquisa em Educação, seriam procedimentos metodológicos, hoje predominantes, o estudo de caso, a pesquisa etnográfica, a pesquisa-ação, o resgate de memória, a reflexão sobre a ação, a história de vida e o relato da própria prática.

Aconselho ao leitor buscar bibliografia especializada para estudar cada uma das técnicas de coletas de dados, bem como dos procedimentos metodológicos citados.

Capítulo X
A estrutura técnica da monografia

A estrutura técnica da monografia que ora apresento segue o que dispõe a NBR-14724/2002, da ABNT:

- Capa;
- Página de Rosto;
- Resumo;
- Sumário;
- Introdução;
- Desenvolvimento;
- Conclusão;
- Referências Bibliográficas.

Outros elementos como Folha de Aprovação, Lombada, Errata, Dedicatória, Agradecimentos, Epígrafe, Listas, Glossário, Apêndices, Anexos e Índice podem ser inseridos, desde que haja orientação para isso da instituição que exige o trabalho ou que o próprio trabalho exija.

Capa

Obrigatória em todo trabalho acadêmico-científico. A instituição que exige o trabalho decidirá sobre o material a ser utilizado. Papel simples, capa dura, cor etc.

Elementos da capa:

- *no alto*, o nome da instituição e logo abaixo o nome do curso (centralizados);
- *logo abaixo*, o nome do autor do trabalho (centralizado);
- *no meio*, o título do trabalho (centralizado);
- *embaixo*, a cidade, local onde o trabalho foi realizado, e abaixo o ano de realização (centralizados).

Observar 3 cm para a margem superior e esquerda, e 2 cm para a inferior e esquerda.

Página de rosto

Os mesmos elementos da capa, acrescidos da indicação da natureza do trabalho.

Modelo de página de rosto

INSTITUTO DE EDUCAÇÃO
BARÃO DO RIO BRANCO
CURSO DE PEDAGOGIA
ANTÔNIO MARCOS PEREIRA DOS SANTOS

A PARTICIPAÇÃO DO PROFESSOR
NA VIDA DA ESCOLA

> Trabalho de Conclusão de Curso apresentado como exigência parcial, para conclusão do Curso de Pedagogia, no Instituto Barão do Rio Branco, sob a orientação do Prof. Maurício de Lima Duarte.

Miríades – SP
2003

Resumo

Uma breve apresentação dos pontos mais importantes do trabalho. Convém destacar a natureza do estudo, sua relevância, seus objetivos, os principais resultados encontrados e o que se concluiu.

São aproximadamente 250 palavras, no caso de monografias de conclusão de curso, em linguagem clara, breve e concisa.

Sumário

Trata-se de apresentar as divisões contidas ao longo do trabalho, seguidas pelo número das páginas que iniciam tais divisões. Em monografias, geralmente indicam a página na qual se iniciam a Introdução, os Capítulos, a Conclusão e as Referências Bibliográficas.

Introdução

De um modo geral, é na introdução que se anuncia o que se pretende fazer no trabalho. O problema de pesquisa tem de ser anunciado, além de contextualizado. Chamo isso de estado da arte da questão. Serve para situar o leitor. As hipóteses serão aqui declinadas, assim como os objetivos pretendidos. Nada impede uma referência aos procedimentos metodológicos.

Desenvolvimento

Referir-se ao desenvolvimento significa referir-se ao trabalho propriamente dito. Todo o seu empenho em construir algo novo aparece aqui. É o resultado de sua elaboração mental. Para facilitar o trabalho de leitura, divida-o em capítulos mais ou menos do mesmo tamanho. Se tiver necessidade de ilustrar o seu texto, faça-o sem nenhuma preocupação. Para isso, poderá valer-se de fotos, quadros, tabelas, mapas etc.

Conclusão

Local de apresentação dos resultados obtidos. Não se esqueça. Ao iniciar o trabalho, propôs-se resolver um problema. Relate agora como chegou a solucioná-lo.

Referências Bibliográficas

Relação de todas as obras consultadas para a elaboração do trabalho. Preferencialmente, as obras serão apresentadas no sistema alfabético. Seguir, rigorosamente, as normas da ABNT.

Capítulo XI
Apresentação gráfica da monografia

O trabalho acadêmico científico deve ser digitado e impresso em cor preta e em papel branco, formato A4, isto é, com as dimensões 21,0 x 29,7 cm², somente de um lado da folha.

O espaço entre as linhas será o de 1,5. Poderão ser utilizadas as fontes *Times New Roman* ou *Arial*, tamanho 12. Títulos das seções serão separados do texto por espaço duplo e deverão ser escritos com letras maiúsculas, em negrito. Assim, INTRODUÇÃO, CAPÍTULO I, CAPÍTULO II etc., CONCLUSÃO, REFERÊNCIAS BIBLIOGRÁFICAS.

As páginas deverão ser marginadas: superior e esquerda, 3 cm. Direita e inferior 2 cm.

A numeração das páginas deve ser colocada na parte superior direita de cada uma delas, a 2 cm da borda superior, com números arábicos em ordem crescente. Todas as páginas devem ser contadas, mas numeradas a partir da Introdução.

Os parágrafos iniciam-se a seis toques da margem esquerda.

Citações textuais com mais de três linhas iniciam-se após doze toques.

Aliás, há três tipos de citações. A direta, quando se reproduz exatamente o que está no texto lido. Se ela possuir até três linhas, fará parte do próprio parágrafo e deverá ser digitada em itálico.

Assim:

RENAUT (1998, p. 6) aponta para o surgimento de uma nova liberdade: *há muito tempo estabeleceu-se a convicção de que uma inédita representação da liberdade humana se deu com a modernidade.*

Se tiver mais do que três linhas, deverá ser realçada. Recue a citação com 1,0 cm de cada lado. O espaço é simples.

Assim :

Ao se referir à cognição dos mamíferos e dos primatas, TOMASELLO (2003, p. 21) afirma que:

> Todos os mamíferos vivem basicamente no mesmo mundo sensório-motor de objetos permanentes dispostos num espaço representacional; primatas, incluindo os humanos, não tem aptidões especiais a esse respeito. Além disso, muitas espécies de mamíferos e basicamente todos os primatas também representam cognitivamente relações categoriais e quantitativas entre objetos.

A *indireta*, quando, com as próprias palavras, reproduz-se a idéia do autor. A fonte, obviamente, deve ser citada. A *citação de citação*. Para tal, utiliza-se a expressão latina *apud*, que significa *citado por*.

Embora sejam consagradas pelo uso, tem-se discutido ultimamente o uso das *notas de rodapé*. Para alguns, servem para esclarecimentos de alguns aspectos do texto que não precisariam necessariamente fazer parte dele. Para outros, interrompem o texto, desconcentrando o leitor. Para estes, o que vai para o rodapé da página pode perfeitamente fazer parte do texto. Eu, particularmente, comungo dessa opinião. Quanto menos interromper o texto melhor.

Apresentação gráfica da monografia

A redação do trabalho apresenta características próprias. Afinal, trata-se de um trabalho científico. Por isso, há de se considerar a redação do trabalho científico como um processo. Isso quer dizer que há etapas a serem vencidas.

A primeira delas é ter bem claro por que escreve o trabalho –, uma monografia, uma dissertação, uma tese, um artigo para ser publicado numa revista especializada etc.

A segunda seria a de saber para quem escreve, isto é, para qual público é dirigido o seu trabalho?

A terceira seria a de organizar a estrutura do trabalho. Basicamente, sua composição em capítulos, no caso de monografias, e tópicos no caso de artigos ou capítulos de livros.

A quarta seria o primeiro rascunho. Sim, primeiro. É muito difícil obter um texto pronto, que não precise ser mexido, numa primeira redação.

A quinta etapa será a revisão da primeira redação. E assim por diante.

Fica claro que o texto tem de ser facilmente compreendido. Sua linguagem, própria da área estudada, deve ser clara e precisa. Os argumentos coerentes, isto é, lógicos e não contraditórios.

Não suponha nada quando estiver escrevendo. Nenhum leitor é obrigado a saber o que passou em seus pensamentos. Aliás, você escreve para o leitor e não para você.

Não use gírias. Não abuse de citações, tabelas e gráficos. A leitura tornar-se-á difícil e certamente desestimulará o leitor.

Muitos termos hoje, utilizados em informática, têm sido popularizados. Nada justifica valer-se de *deletar* no lugar de apagar. Ou fazer um *print* no lugar de imprimir. Não use esse tipo de expediente.

Não faça citações em língua estrangeira. Traduza o texto e jogue o original para o rodapé da página. Se o leitor quiser conferir...

Construa parágrafos curtos. Parágrafos longos podem trazer confusão para o leitor.

Tome cuidado com a correção gramatical. Não vacile. Antes de dar o trabalho por concluído, passe por um revisor. Um bom professor de Português vai chamar a atenção para muitos aspectos incongruentes que poderiam ser considerados em sua redação e que passaram desapercebidos.

Capítulo XII
Glossário

ANÁLISE – quando se dissocia uma situação global num conjunto de elementos e se examinam esses elementos e suas relações entre si.

CIENTIFICIDADE – termo empregado para indicar que um conceito, um modelo, um procedimento, entre outros, foram produzidos por uma comunidade científica, reconhecida por ela e por outros grupos sociais que têm interesses neles.

CONSTRUTIVISMO – visão que, de uma maneira ou de outra, reconhece o papel desenvolvido pelo sujeito que constrói os conhecimentos.

DÉMARCHE CIENTÍFICA – *démarche* desenvolvida pelas comunidades científicas e reconhecida como tal.

DISCIPLINA CIENTÍFICA – um ramo do saber que estuda uma série de situações numa perspectiva particular, sustentada por teorias, pressuposições, instituições, controles sociais, aparelhos de medida, publicações etc.

EDUCAÇÃO MORAL – a que visa a aceitação de um código moral de uma sociedade ou de um grupo.

EMPIRISMO – designa uma doutrina filosófica e em particular gnosiológica, segundo a qual o conhecimento se baseia na experiência.

EXPLICAÇÃO – a interpretação de um fato com base numa determinada teoria.

EPISTEMOLOGIA – disciplina que estuda a maneira pela qual os saberes se constituem.

HISTÓRIA DAS CIÊNCIAS – designa a maneira pela qual os cientistas ou alguns de seus historiadores representam o passado do desenvolvimento das ciências.

IDEOLOGIA – chamam-se ideologias, ou discursos ideológicos, aqueles que se apresentam como uma representação adequada do mundo, mas que têm mais um caráter de legitimação do que um caráter unicamente descritivo.

INFORMAÇÃO – o que é estruturado sobre o mundo, por e para os humanos, para permitir a convivência entre eles.

INTERDISCIPLINARIDADE EM SENTIDO ESTRITO – construção de representações do mundo que são organizadas e estruturadas em função de um projeto humano (ou de um problema a resolver), em contextos e destinatários específicos, que fazem apelo a diversas disciplinas científicas, para se chegar a um resultado original, independentemente das disciplinas de origem, mas sim do projeto que se tem.

METACOGNIÇÃO – representações a propósito de um conhecimento.

METÁFORA – uma comparação. Ela é utilizada na ciência em frases do tipo: "Isto se passa como (...)". Toda observação começa por uma metáfora, porque se começa a olhar o que se quer com os *a priori* que se tem em mente.

MÉTODO CIENTÍFICO – equivale freqüentemente a falar normativamente dos elementos necessários para considerar uma *démarche* como científica.

OBSERVAÇÃO – uma das maneiras de se relacionar com o mundo, segundo uma perspectiva e/ou intenção, com vistas a produzir uma ou mais informações.

PARADIGMA – conjunto de pressupostos teóricos, práticos e ideológicos adotados, ao longo de sua história, por uma disciplina científica.

PLURALIDADE DAS CIÊNCIAS – cada disciplina científica tem seu próprio modo de interpretar a realidade e de construir seus objetos.

RACIONAL – o que constitui a razão ou diz respeito a ela, em qualquer dos significados desse termo.

REPRESENTAÇÃO – discurso estruturado ou esquema que se utiliza, num contexto preciso e segundo um projeto preciso, para examinar um problema com base na sua representação (modelo simplificado) tomada como equivalente à situação real (complexa).

RUPTURA EPISTEMOLÓGICA – a distinção entre o discurso da vida cotidiana e o discurso científico.

SOCIOCONSTRUTIVISMO – um dos movimentos contemporâneos da Epistemologia segundo o qual os cientistas inventam e/ou utilizam teorias para dar sentido ao que os cerca e para agir.

SOCIOLOGIA DAS CIÊNCIAS – trata-se de uma especialidade da Sociologia que estuda as ciências como um fenômeno da sociedade (fazendo abstração do fato que alguns, nas ciências, dão como um valor específico).

TEORIA – representação intelectual metódica, organizada e coerente de uma situação e notadamente de uma série de observações e de outras interpretações.

Referências bibliográficas

ALSTON, William P. *Filosofia da linguagem*. Rio de Janeiro: Zahar, 1977.

BANN, Stephen. *As invenções da história. Ensaios sobre a representação do passado*. São Paulo: UNESP, 1994.

BARROS, Roque Spencer Maciel de. *Razão e racionalidade*. São Paulo: T. A. Queiroz, 1993.

BOCHNIAK, Regina. *Questionar o conhecimento. A interdisciplinaridade na escola ... e fora dela*. 2ª ed. São Paulo: Loyola, 1998.

_____ *Reconsiderando a questão do método em Educação, na perspectiva da interdisciplinaridade*. Tese (Doutorado em Educação) – Programa de Estudos Pós-Graduados em Educação/Área: Supervisão e Currículo – Pontifícia Universidade Católica de São Paulo, 1993.

CHALMERS, Alan. *A fabricação da ciência*. São Paulo: UNESP, 1994.

CRUZ, Manuel (org). *Tiempo de subjetividad*. Barcelona: Piados Ibérica, 1996.

DESCARTES, René. *Discurso do método*. 2ª ed. São Paulo: Abril Cultural, 1979.

EINSTEIN, Albert. *Como vejo o mundo*. 15ª ed. Rio de Janeiro: Nova Fronteira, 1981.

ELIAS, Norbert. *A sociedade dos indivíduos*. Rio de Janeiro: Jorge Zahar, 1994.

ENGUITA, Mariano Fernández. *A face oculta da escola. Educação e trabalho no capitalismo*. Porto Alegre: Artes Médicas, 1989.

FAJARDO, Germain. "Estruturas Mentais e Psicoterapia". In: *Labyrinthe em Português*. São Paulo, n. 2, maio, 1995, p. 11-3.

FERRETTI, C. J. et al. *Novas tecnologias, trabalho e educação: um debate multidisciplinar*. Petrópolis (RJ): Vozes, 1994.

FOUREZ, Gérard. *A construção das ciências. Introdução à filosofia e à ética das ciências*. São Paulo: UNESP, 1995.

GARDNER, Howard. *A nova ciência da mente*. São Paulo: EDUSP, 1995.

GIORDAN, André; DE VECCHI, Gérard. *As origens do saber. Das concepções dos aprendentes aos conceitos científicos*. Porto Alegre: Artes Médicas, 1996.

HOBSBAWM, Eric. *Era dos Extremos. O breve século XX / 1914-1991*. São Paulo: Companhia das Letras, 1995.

_____; RANGER, Terence. *A invenção das tradições*. Rio de Janeiro: Paz e Terra, 1984.

HÜBNER, Kurt. *Crítica da razão científica*. Lisboa: Edições 70, 1993.

KHUN, T. S. *A estrutura das revoluções científicas*. 3ª ed. São Paulo: Perspectiva, 1992.

KNELLER, G. F. *A ciência como atividade humana*. Rio de Janeiro: Zahar, 1980.

LADRIÈRE, Jean. *Os desafios da racionalidade. O desafio da ciência e da tecnologia às culturas*. Petrópolis: Vozes, 1979.

_____ *Filosofia e práxis científica*. Rio de Janeiro: Francisco Alves, 1978.

LYOTARD, Jean-François. *O pós-moderno*. 3ª ed. Rio de Janeiro: José Olympio, 1988.

MARQUES, Paulo; PEREIRA, Potiguara. "Reflexões sobre as demandas futuras da C&T no Brasil e seus impactos sobre a educação". In: *Revista do Departamento de Geografia*. São Paulo: Humanitas, n. 11, 1997, p. 221-33.

MENDONÇA, Eduardo Prado de. *O mundo precisa de filosofia*. 11ª ed. Rio de Janeiro: Agir, 2001.

MOTOYAMA, Shozo (Org.). *Educação Técnica e Tecnologia em Questão*. 25 anos de CEETEPS. Uma História de Vida. São Paulo: UNESP; CEETEPS, 1995.

PEREIRA, Potiguara. "A ciência da educação". In: ROLDÃO, Maria do Céu e MARQUES, Ramiro. *Inovação, Currículo e Formação*. Porto, Portugal: Porto, 2000. p. 43-56.

RAMAIN, Simonne. *O Método Ramain*. Palestra proferida no Colégio Sion de Curitiba, no dia 10.03.1964 (mimeografada).

_____; FAJARDO, Germain. *Structuration Mentale par les Exercises Ramain*. Paris: Epi, 1975.

_____ *Perception de soi par l'attitude et le movement*. Paris: Epi, 1977.

SANTILLI, Estela et al. *El pensamiento científico*. Buenos Aires: Biblos, 1998.

SCHAFF, Adam. *A sociedade informática*. 3ª ed. São Paulo: UNESP; Brasiliense, 1992.

SCHMITZ, Herbert; CARVALHO, Ruy de Quadros (Org.). *Automação, Competitividade e Trabalho. A Experiência Internacional*. São Paulo: HUCITEC, 1988.

SERBINO, Raquel Volpato; BERNARDO, Maristela Veloso Campos (Org.). *Educadores para o Século XXI. Uma visão Multidisciplinar*. São Paulo: UNESP, 1992.

WITKOWSKI, Nicolas (Coord.). *Ciência e tecnologia hoje*. São Paulo: Ensaio, 1994.

Índice

7 Introdução

Capítulo I
13 A educação

Capítulo II
21 A pesquisa

Capítulo III
25 A ciência

Capítulo IV
31 A história da ciência

Capítulo V
37 A superação das dicotomias e das visões fragmentadas

Capítulo VI
41 A ciência da educação

Capítulo VII
45 O projeto de pesquisa

Capítulo VIII
51 A leitura de textos filosóficos ou científicos

Capítulo IX
55 Os elementos formais da elaboração da monografia

Capítulo X
59 A estrutura técnica da monografia

Capítulo XI
63 Apresentação gráfica da monografia

Capítulo XII
67 Glossário

71 Referências bibliográficas